JN438547

석류나무 서쪽

석류나무 서쪽

이희숙 시집

反詩시인선 006

시와반시

경북 경주 출생
대구교대 졸업
2013년 『동리목월』 등단
2015년 대구문학 작품상 수상
2018년 대구문화재단 창작지원금 선정
대구문인협회 회원, 대구시인협회 회원
이메일 moran1959@daum.net

시인의 말

꾹 눌러 담은 서랍이 있었다
담장 아래 꽃잎이 떨어졌다
젖은 꽃잎을 주머니에 넣으며
서랍을 따라갔다

주머니째 묻을까 하다
열어 본다

2018년 10월

이희숙

차례

시인의 말 6

1 눈(目)의 안쪽

4월의 몰타 13
Yellow 15
석류나무 서쪽 17
Incarnation 19
동굴 21
플라멩고 걸 – 스페인 세비쟈에서 22
공기번데기 23
너는 자고 있는데 24
눈(目)의 안쪽 25
암적색 26
오렌지 나무 28
그의 스웨터를 뜨다가 2 29
나이프가 돈다 30

2 그의 스웨터를 뜨다가

구름 33

그의 스웨터를 뜨다가 1 34

꽃 피는 물 35

고요 36

난생일기 37

고흐의 여관 38

언밸런스 40

가시나무 42

검은 가로수 43

물고기 햇빛 꽃 44

화분과 나 45

오후 세시, 햇빛 46

감포에 갔다 47

브래드 홀릭 – Z에게 48

3 돌

오카리나를 불다 51

갠지스 강가에서 52

나비 53

불로동 화훼단지에서 54

돌 55

사탕무늬 구름 56

오두막 57

보청기를 빼다 58

솟대 59

길 60

서출지 연꽃 61

자두 62

맨드라미 63

나무와 꽃 64

4 후

국을 끓이다 67

이어웜스[Earworms] 69

꽃병 71

사금 건지기 73

국그릇에 입을 대고 74

푸른 밤 75

오십견 76

귀로 말하지 77

Y 78

강이 79

장미에 대한 폭력 80

9월 어느 날 81

후 82

동백 84

해설 | 정훈 | 존재와 말의 변증법,
그 공명하는 무늬의 빛깔에 대한 보고서
– 이희숙의 시 세계 85

1

눈(目)의 안쪽

4월의 몰타

쑥갓꽃이 언덕을 덮었다
기침이 났다

언덕 아래, 버스는 구불구불 지나갔다

산이 없었다
머릿속 나무가 마르기 시작했다

천 마리의 새와 해가 떴고
천 마리의 새와 해가 졌다

해의 몸, 몸의 해가 만났다
기침이 났다

등에 털이 벗겨진 고양이가
방안을 들여다보았다

목에 걸린 머플러가 심하게 날렸다

날지 못할까 두려워

앉지 못하는 새가 있었다

Yellow

악어 뛴다

심장에 구멍 낸다
머리에 구멍 난다

발바닥에 구멍 낸다
꼬리에 구멍 난다

혓바닥에 구멍 낸다
다리에 구멍 난다

사방이 침을 흘리며
바닥에 가라앉는다

안개 지나간다

물결 춤춘다

노랑어리연꽃 핀다

석류나무 서쪽

동쪽 창은 눈부시고
석류나무 서쪽은 그림자가 길다

나는 매일 서쪽으로 간다
동쪽 창을 데리고 서쪽으로 간다

석류나무 아래에서 스웨터를 뜬다
긴 서쪽 그림자로 스웨터를 뜬다

동쪽 창가에 석류꽃 피고
석류꽃 그늘에서 토끼가 달아난다

석류나무 서쪽에서 석류나무 서쪽으로
석류꽃이 달아난다

석류꽃 토끼는 어디로 갔을까?

나는 매일 서쪽으로 간다

동쪽 창을 데리고 서쪽으로 간다

Incarnation

1

개불알풀, 소리쟁이, 벼룩이자리풀이 풀어놓은 바람 소리, 아랫목에서 익는다 귀를 쫑긋 세운다 벌레들이 깨어난다 점이 다른 점으로 기어오른다

2

내피 한 벌씩 벗는다 허공이 차오른다 매슥거린다 뱉지 못한 말 끊어질 듯 흘러내려 몸을 얽어맨다 벽이 돌처럼 굳는다 숨을 쉴 수 없다

3

잠 속이다 나비와 하늘을 본다 터질 듯 부풀어 오른다 잘랑거리는 잎, 아무나 보고 웃는다 오랫동안 먹지 못했다 등이 갈리진다 축축한 날개가 쑥 빠져나온다

4

문을 열고 나온다 지나가는 아이, 나비라 말한다 벌레를 아는 일은 새롭게 사는 일, 새, 벌레, 꽃, 바람은 남겨둔다

5

땅거미 진다 날개를 친다 수천 번 곤두박질 날개가 굳고 눈이 먼다

6

물에 풀어져 비단이 된다 나비 같은 날개, 나방의 숨결, 바다 한 자락, 노랑꽃, 빨강꽃 바람에 날린다

7

실크 옷 매장, 아가씨가 매장으로 들어온다 실크 옷을 입는다 태양을 향해 날아간다

동굴

밖에서 안을 본다 길고 넓은 동굴이 보인다 안으로 들어간다 어둠 속에 들소 말 사슴 모양의 종유석과 석순이 자라고 있다 동굴 속엔 출구가 없다 그녀가 기르던 동굴 턱턱 목구멍에 걸리는 들소 말 사슴, 긴장한 들소가 있고 질식하는 사슴이 있고 우는 말이 있고, 헬멧도 없이 후레시도 없이 시간을 찾아서, 벽에는 들소 말 사슴이 그려져 있다 어느 날 벽에서 짐승 울음소리가 들렸다 벽 속에선 고삐 풀린 말이 달리다 말고 들소 말 사슴이 풀을 뜯다 갇혀 있다 동굴을 부수자 모래가 흘러내린다 뒤집어 말리자 박쥐가 날아간다

플라멩고 걸

– 스페인 세비야에서

손뼉소리, 발구르는 소리, 캐스터네츠 소리 칸테에 빨려들고 관중석은 가라앉는다 물결따라 펄떡이는 은어, 지느러미를 흔들며 끌며 차며 흐르다가 급선회한다 물 밖으로 치솟는다 눈이 반짝인다 은어는 불에 탄 물을 뱉고, 짓무른 내장을 뱉고, 울 수 없는 왜가리를 뱉는다 물이 튀고 지느러미가 튀고 칸테 플라멩고가 튄다 새들이 연신 물속에서 튀어 나온다 너의 춤 나의 춤, 사크로몬테 동굴에서 뱉어지고 행간에서 뱉어지고 뱉지 않으면 살 수 없다 내가 뱉은 뱁새 몇 마리도 천장으로 날아오른다 천장에는 새들로 가득하지만 울 수 없으므로 고요하다 버스를 타고 도로를 달린다 창밖, 올리브 나무가 팔을 흔들고 길가, 유도화가 몸을 비튼다 그 속에 유도화의 닳은 발톱이 보인다

공기번데기*

그녀는 돌처럼 굳는다 그녀가 잡고 있는 벽이 마르기 시작하자 모래 바람이 인다 그녀는 오늘도 태어나기를 꿈꾸다 그의 자궁 속에서 잠든다

그녀를 둘러싸고 있는 방. 그와 그녀 사이에 쳐진 커튼, 그녀가 손을 뻗으면 그는 멀어지고 그녀가 웃으면 그는 찡그린다 문이 될 수 없는 빛

공기번데기, 팽창한다 그가 건네준 고무나무를 가슴에 심었지만 싹이 트지 않는다 공기와 물이 바닥나 간다 목구멍이 탄다 표면에 면도날을 갖다 대자 몸속 방울들이 터져 안개가 된다

* 무라카미하루키의 '1Q84'에서 따옴

너는 자고 있는데

너는 자고 있는데 우린 헤어지지 않았고 난 환한 너 때문에 잠을 이룰 수가 없어 지갑엔 이미 쓴 용돈이 남아 있어 다행이야 가슴 속에서 밤새 기어 나온 벌레들, 달력 위 수...금...토...일...갉아먹는다 해가 지고 네가 아침을 맞은 후 한나절이나 지나 내 아침이 왔어 난 지쳐 누우려 해 반쯤 갉아 먹힌 1월 뒤로 11월의 어느 일요일이 보여, 이미 꽃잎을 떨어뜨린 소국이 화들짝 폈네 언제 보낸 걸까 네가 출근 했다는 문자, 난 달력에서 네 생일을 찾지 못해 허둥대고 아직 장미바구니를 들고 네게 가지 않았어 1...9...8...6...이 벌레가 되어 기어가네 구멍 난 흰 종이만 남았네 흰 이를 반짝이는 나의 3월은 어디로 갔을까

눈(目)의 안쪽

세상이 쵸코렛 통속으로 빠졌어요 바닥의 책들이 발에 걸려요 식탁을 몸으로 들이 받아요 손이 당황한 발을 잡아줘요 담벼락을 더듬는 손끝, 땅을 더듬는 손끝이 눈을 뜨고 세상을 보기 시작해요 손끝에서 나온 빛이 나팔꽃 줄기를 따라 건물 벽을 타고 올라가요 허공을 더듬던 손을 맞잡자 다른 손으로 감고 올라가요

손톱 사이 가시에서 싹이 돋아요 손끝에서 자란 나팔꽃 줄기는 서로의 몸을 엮는 끈, 엮인 몸은 서로의 온기를 전해요 복종을 강요받던 강아지는 풀려나 거리를 활보하다 쓰러진 사람의 눈물을 핥아줘요* 자동차는 이미 쓰레기, 서로를 향하여 손가락 끝에 달린 램프를 켜서 앞을 비춰요 우물 하나씩을 꺼낸 뒤 물을 긷고 목을 축여요 흙에서 죽은 사람냄새가 나요 닫힌 문을 부수고 나와 손끝으로 보는 하늘, 눈먼 자들의 도시는 눈을 뜨기 위해 눈을 버려요

암적색

1

색깔이 그녀를 끌고 간다 보라, 주황나무들이 내려다보는 숲, 토끼 한 마리 옷자락을 물어뜯는다 푸른 탱자는 피해가야 해 매일 아침 배달되는 7시, 버스는 그녀를 7시 밖으로 실어다 주지 못한다 엄지발톱에서 빛나는 암적색 페디큐어 그 색깔이 낸 길로 이끌려 간다

2

병꽃나무 숲을 지난다 어둠 속 발은 떨어져 내린 붉은 병꽃을 밟는다 그녀 꽃의 목을 분질러 달라한다 바위는 그럴 수 없다 한다 유리 조각으로 꽃을 잘라버린 그녀, 엄지발톱이 낸 먼 길로 달아난다 거울, 루즈, 볼펜이 구멍난 가방으로 빠져 나온다 페디큐어를 지울 때까지 맨발이다 그녀는 암적색 페디큐어를 엄지발톱에 덧칠한다

3

구멍 난 가방에서 시간이 새 나온다 여름에 눈이 내리고 태양은 저녁에나 뜬다 숲엔 보라, 주황나무들로 가득하다 호랑나비

날아들어 원피스 자락의 무늬가 된다 잠 속으로 빠져든다 빛 한 줄기 내려온다 빛을 안고 공중으로 떠오른다

4

뇌의 한 부분을 도려내야 해 도려낸 조각은 개에게 던져줘 독이 혈관을 타고 흘러내린다 피부에 붉은 반점이 돋는다 잠 속 귀뚜라미들과 혼음을 한다 독은 꽃피고 시들기까지의 힘이다

5

암적색 크래파스로 자화상을 그린다 그녀는 종이가 된다 몸은 셀룰로스*, 자주 길을 잃고 쉬 찢어지는 심장으로 칼, 가위 쪽으로는 얼씬 못한다 세상은 종이 한 장으로 부딪치기엔 너무 두껍다

6

진달래 봉오리를 유방 속에서 끄집어낸다 그녀, 털실을 감는다 첫 코부터 시작이다 사슬코에 짧은뜨기 두 단, 그 위에 솔잎무늬로 줄여가며 떠 올린다 한 단 한 단 떠 올릴수록 봉긋해지는 유방, 어둠 속에서 피어나는 모란이다 모란 속 그녀가 모란 밖 그녀를 본다 뜨다만 모란에 구멍이 난다

* 기욤 뮈소 소설의 '종이여자' 중 한 소절

오렌지 나무

식탁 위에 놓인 책장을 넘기자 오렌지가 쏟아진다

끝없이 펼쳐진 오렌지 숲에 오렌지 색 사막이 있고 오렌지 색 선인장이 있고 오렌지 색 가시에 가슴 찔리는 오렌지 색 내가 있고 오렌지 색 낙타 눈에 비치는 오렌지 색 노을이 있다

오렌지 나무에 갇히는 오렌지 숲

케익 위 오렌지 조각, 검은 창에 오렌지색 커튼, 오렌지 색 벽에서 오렌지 꽃이 핀다 오렌지 색 천장은 왜 오렌지 색 무덤 같아?

오렌지 조각을 먹는다 오렌지 조각이 오렌지 색 모래라니 오렌지 색 화약이라니

다시 책장을 넘기자 오렌지가 펑펑 터진다 오렌지 색 팝콘처럼 오렌지 색 내가 펑펑 터진다

그의 스웨터를 뜨다가 2

코바늘이 나를 뜬다

바구니에서 풀려나오는 실은 끊어질 듯 이어지고
코바늘은 지그재그 엇길로 나가고

숲에서 낙엽을 문질러 몸을 씻고 알몸으로 떠도는 여자를 봤다는 입들

모래처럼 푸석한 밤
생쥐가 실을 물고 마을을 휘저은 후 스웨터는 풀어지고 풀린 실은 폭설로 쌓이고

끊어진 실을 이은 매듭에는 녹지 않은 산이 있다

매듭에 걸려 툭, 바늘 코가 부러진다

뜨다 만 스웨터 한 장, 바구니에 구겨져 있다

나이프가 돈다

수피댄서*의 흰 치마가 둥글게 피어 오른다 치마가 돈다 치마 입은 그가 돈다 테이블이 돌고 접시가 돌고 나이프가 돈다 앉아 있는 사람이 돌고 나일강이 돌고 바하리야 사막, 쏟아지는 별똥별이 돈다 돈다가 빠르게 돈다 경계가 풀어진다 돌고 돈다 풍경이 동그랗게 돈다 동그랗게 내가 돈다 경계가 풀어진다 돌고 돈다 너도 없고 나도 없다 희디흰 經마저 돈다 經 속의 신도 돈다

* 이집트, 터키 등 중동지역의 전통춤, 이슬람교 일파인 수피즘의 종교의식에서 비롯됨

2

그의 스웨터를 뜨다가

구름

1

밥을 짓다 창 너머에 구름, 도마 위에서 구름이 다져 지고 냄비에서 구름이 피어오르고 밥솥에서는 구름이 끓는다 구름이 방안 가득 찬다 할아버지의 구름 통에서 구름이 피어오른다 구름 속에 비행기가 있다 구름 따기 놀이를 한다

2

나를 밟고 지나가는 신발이 보인다 아기 울음소리가 들려온다 형광등 동맥이 얼어붙고 냉장고가 흘러내린다 머릿속이 지워진다 하늘에 백 개의 달, 처음으로 구름꽃을 맛본다 정신없이 퍼먹는다

3

구름으로 샤워를 한다 소포 속에서 꽃과 잎이 터져 나온다 하늘은 구름을 통째로 토한다 구름 한 덩이 볼에 살짝, 볼이 붉어지고 화끈거린다 나무 밑으로 구름 덩이가 떨어진다 속살까지 따끔하다

그의 스웨터를 뜨다가 1

당신은 부드럽고 변화에 강한 캐시미어, 난 습기를 머금고도 열에 약한 아크릴사 어울리지 않은 듯 어울리죠 기계로는 흉내 낼 수 없는 손맛이 녹아있어요 때론 끊어진 부분을 이은 매듭도 무늬가 되죠 밋밋한 건 권태로워요 당신 한 가닥, 나 한 가닥이 어긋난 그 곳에 보풀이 일어요 보풀 너머 실버들 가지 같은 실로 가닥가닥 뜨다보면 웃는 이모티콘 떠오르지 않겠어요 선한 눈매가 보이는 듯해요 코바늘 끝에서 열린 열매처럼 서로의 몸을 감싸는 옷이 직조되고 있어요, 우리의 계절엔 순서가 없어요 여름 다음에 겨울이 오기도 하죠 그럴 땐, 마음까지 덮어주는 털옷이 필요해요 앗, 아랫단에 긴뜨기 한 코 빠뜨렸네요 그 실수까지 풀어내면 서로의 몸에 스몄던 흔적이 고불거리며 풀려나와요 곧은 길 아닌 굽은 길이라서 옷이 되고 목도리가 되죠 꼭 뼈대로만 뭔가를 세우는 건 아니잖아요 유연한 지평선이 되어 바늘 코가 문드러지도록 서로의 보폭에 맞추어 뜨실래요?

꽃 피는 물

물의 몸속엔 작은 물의 씨앗이 있어 물을 꽃피우는데 10년, 아니 그보다 더 많은 시간이 걸렸을지도 몰라

그녀는 이슬 같은 방울 하나를 발견하고 만져보고 냄새 맡아보고 손바닥에 문질러보고, 그때 손에 땟자국 하나가 지워지는 걸 보고 기뻐했을 테지

물방울을 캔버스에 붙이고 싶어 둥근 눈이 흘러내릴 듯 깜박이는 벽

우산 가득 내리지, 옷 속으로 파고들지, 사방으로 튀지

샤워기에서 다발로 쏟아져, 그녀의 가슴 위로 흘러내려, 호수 가득 너를 담고 있지, 풀잎이 바람에 흔들린다면 거기도 숨 쉬고 있다는 신호지 언젠가 나도 누군가의 얼굴을 씻어주고 있겠지

고요

어떤 방식으로 나를 열어보여야 하나 그가 오는 시간과 가는 시간은 정해져 있지 않다

그는 건물 옥상에 있고 빈 의자 위에 있고 바늘 끝이나 칼날 끝에도 잠시 머문다

나는 그의 손가락과 발가락과 머리카락을 가방에 넣고 그해 봄을 찾아갔다

마을 사람들은 보리를 베러 가고 술 조사가 나오고 헛간 짚더미 속에서 그의 손가락과 발가락과 머리카락이 가슴을 졸였다

우편함을 열자 열리지 않은 소포가 있었다. 그가 시간의 목덜미를 움켜쥐고 있었다

난생일기

자궁벽에 안착한다 귀, 눈, 코, 입, 들판에서 밭을 매고 있었던가 자궁벽에 귀를 댄다 들판의 노래 소리 듣는다 손가락을 꼼지락거린다 풀꽃들의 향기, 쑥 바랭이 여뀌 입술 부딪는 소리, 음표들이 날아다닌다 발이 되기 전의 발가락이 떠다닌다 다리를 흔들고 팔을 흔든다 입이 되기 전의 입, 노래가 되기 전의 노랠 부른다 발뒤꿈치를 자궁벽에 찍으며 턴을 시도한다 소나기를 맞으며 엄마가 무논에 쓰러진다 천둥이 친다 몸이 되기 전의 몸, 귀가 되기 전의 귀가 찢어진다 소리가 들리지 않는다 탯줄에 감긴 목, 알은 쓴다

고흐의 여관

오늘 밤, 묵고 싶은 그 곳
불빛에 끌려 빨려 들어간다
그가 카운터를 지키고 있는 홀
까칠한 바람이 일고
내 가방 속에 살고 있던 얼굴이야
캔버스에는 사이프러스 나무가 하늘로 뻗고
밀밭 속 까마귀들 어지러이 날아다닌다
그의 정원에는 물감들이 자라
얼룩무늬 뱀이 그의 목을 감는다
물 밖 세상을 모르는 나 그와 악수를 한다
한 통속이야
뒤틀려진 어깨, 부러진 어금니
굽은 늑골이 또 몸을 지탱하지
그림 속 꿈틀거리는 선들이 창이 되어
그를 찌르는 밤
어깨를 움찔거리며
눈꼬리가 올라가고 입술은 찢어진다
한 손에는 면도날, 또 다른 손에는 잘린 귓불

비명이 없다

언밸런스

머리카락을 잘라요
왼 어깨 위로 당겨서, 거울도 없이

빈 캔을 구기면 사과가 구겨져요
구겨진 사과의 가벼움

바닷가 모래 위를 걸어요
수평선은 바지 한쪽을 무릎까지 잘라요
한쪽이 잘린 바지는 절룩거리기 좋아요

밥을 먹으며
밥그릇에 욕을 뱉어요

죽인 욕조가 왜 쉼 없이 자라죠

많이 쓴 오른팔이 길어졌어요 왼팔이 오른팔을 모른 체할 때
나보다 깊어진 당신

시소를 버린 깃털이 가맣게 날아올라요

가시나무

가시나무를 뽑았다 내 발 속으로 불쑥 뿌리가 들어왔다 뿌리가 뿌리를 내렸다 뿌리가 몸속을 갉아먹었다 뿌리가 빈 껍질을 뚫고 나왔다 내 발이 땅 위로 뿌리를 뻗었다 뿌리가 뿌리를 내렸다 뽑히지 않아서 강가로 갔다 돌에 문질러도 뭉개지지 않아서 불을 피웠다 물속으로 뛰어들었다 물속에서 뿌리 타는 냄새가 났다 가시나무를 뽑았다 재가 먼지처럼 떠돌았다

검은 가로수

가을이 사라졌어요 아버지, 단풍 보셨나요 내 눈엔 아무 것도 안 보여요 회색 하늘에 검은 가로수들이 줄지어 있어요

현관문을 열자 무덤 안이다 식사 하셔요 아버지, 따끈한 도시락 가지고 왔어요

거실 화분에 물을 준다 식탁 위에서 가위로 딱딱 줄기를 잘라내고 바구니에 카네이션을 심는다 꽃은 뿌리를 잘라도 숨을 쉬고 있어

설거지를 한다 안방 문을 열자 무덤 안이다 아버지 일어나세요 아버지 좋아하시는 북어포 무침, 풋김치 담가 왔어요

아버지 옆에서 잠이 든다 아침이 와도 무덤 밖은 회색이다 나뭇잎이 아버지 얼굴에 내려앉는다 아버지 옆이라 깊이 잠들 수 있었어요

잠깐만 기다리세요 아버지, 모로 눕혀드릴게요

물고기 햇빛 꽃

　널어놓은 빨래들의 가랑이와 팔, 옆구리 사이 계곡을 지나, 안방 바닥의 태평양을 지나, 옷걸이에 걸린 모자 위, 히말라야를 넘어 빨간 여행 가방을 꾸려요 타닥타닥 나를 적는 모니터를 끄고, 전동기계로 옆구리에 자라는 나를 밀어버리고, 십자드라이버에 쾅쾅 박히는 나를 떠나, 아마존 메이꾸나족이 사는 마을로 가요 원주민 따라 까만 피부를 가진 남녀 어울려요 피부가 가장 아름다운 옷이라 여기는 사람들, 함께 목욕을 하고 죽은 사람을 위해 축제를 열어요 그들과 어울려 춤을 춰요 나를 버렸으니 물고기 햇빛 꽃의 눈망울을 가졌으니 누군가 내게 정신 차리라고 말할 테지만 날마다 여기 아닌 저기로 가요 저기가 내 집이라 우겨요

화분과 나

고무나무는 나를 삼키는데 오 분이 걸리지 않는다 식충식물이 삼킨 파리를 녹이듯 나를 녹인다 눈 코 입이 녹고 기억이 녹는다

내가 선인장 꽃잎을 먹기 시작한다 꽃잎이 사라지면 난 선인장 꽃으로 핀다

나자*는 나에게 그림 한 장을 그려준다 내가 꽃으로부터 뱉어지는 그림이다 꽃들을 휴지로 돌돌 말아 휴지통에 버린다 버릴수록 살아나는 꽃들은 침대 곁에 나와 함께 눕는다 맞추어 둔 퍼즐 조각을 흩어버린다 숨을 곳이 없다 발버둥치며 꽃들에게서 토해진 난 쇼핑카트를 끌고 시장엘 간다

* 앙드레 브르통의 소설, 주인공

오후 3시, 햇빛

불로동 화훼단지를 지난다 줄흰나비가 열어둔 창을 통해 차 안으로 들어온다 날개를 접었다 편다 날개 끝이 볼을 스친다 흰 가루가 날려 몇 점은 콧속으로, 몇 점은 눈썹 위, 몇 점은 바닥으로 떨어진다 손등에 앉는다 나비가 앉았던 손등에서 눈 내리는 밤냄새가 난다

마당에 심을 패랭이 화분을 샀다 화분엔 빨강 꽃 세 송이 폈다

칼국수를 먹는다 패랭이꽃을 따라온 나비, 젓가락으로 걸어 올린 면발 주변을 날아다닌다 날개의 흰 가루가 칼국수 그릇에 떨어진다 국물을 마신다 젓가락을 든 손이 가벼워진다

나비 날개에서 스킨 향이 난다 나비와 가까워지는 일은 가벼워지는 일이다

나비가 멀어진다 나비의 뒷모습을 바라본다 문이란 문은 다 열어둔다

감포에 갔다

바닷가 카페에 몬스테라가 자라고 있었다 난쟁이 나라의 걸리버 같았다 잎의 구멍 너머로 얼룩무늬 고양이가 지나갔다 줄기에서 자란 뿌리들이 공중에 떠 있었다 하얀 문조와 주황 카나리아가 지저귀고 있었다 새 똥이 바닥에 떨어졌다 새의 울음소리가 새똥처럼 굴러 다녔다 어린 아이가 새 울음소리를 밟고 미끄러졌다 공중에 매달린 몬스테라 뿌리들이 시멘트 바닥 위에서 눈발처럼 구겨졌다 구겨진 뿌리들이 바다 쪽으로 걸어가고 있었다 몬스테라 푸른 잎이 창문 쪽으로 고개를 내밀었다

브래드홀릭
– Z에게

세상의 직선들은 칼날이다 봉숭아꽃잎이 칼자락 끝에 매달린다 직선을 쏟아내는 알콜 중독자, 아버지가 찾는 해바라기는 나타나지 않고 벽에 침 뱉는 사내만 나타난다

아버지의 밥상은 한 쪽 다리를 절뚝인다

죽은 어머니를 따라간 아버지, 수직 벽에 갇힌다

아버지를 수평으로 눕히고 살을 발라낸다 살덩이가 발효되는 동안 뜰 앞 자두나무는 뿌리 끝이 짓눌려 생장점을 잃는다

엉덩이 살을 도려낸다 아버지의 살 속에 내 살을 섞는다 오븐 속으로 밀어 넣는다 빵이 노릇 구워지자 아버지가 살아나고 내가 살아난다 살아난 내 아버지 노랗게 웃는다

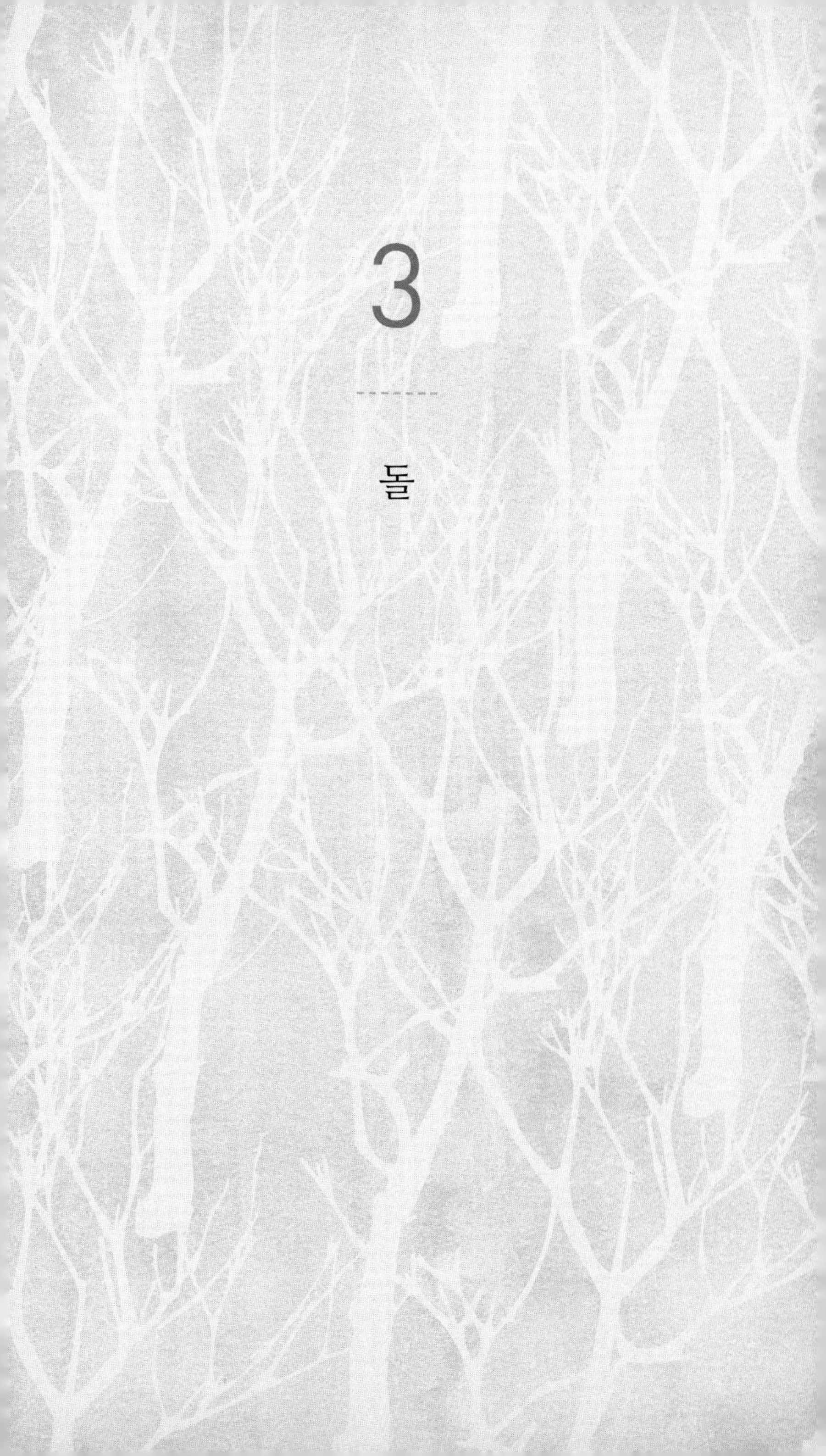

3

돌

오카리나를 불다

밤새 목이 조인 날은 목에 뱀 비늘 흔적이 있다 좁은 구멍으로 좁은 구멍이 나간다 얼굴이 나가고 몸통이 나가고 팔다리가 나간다 벽과 책을 뚫고 안데스 철새들이 방안 가득 날아온다 새들이 마을을 휘돌자 닫힌 길이 열리고, 죽은 가로수에 꽃이 핀다 강물 위, 수 천마리 가창오리떼 떨어지는 물방울소리 바람소리 책갈피마다 쌓인다 꽃잎마다 스민다 타다 남은 뼈에 싹이 돋는다

갠지스 강가에서

그를 태우는 연기가 하늘로 오른다
난 빈디를 찍고 자스민목걸이를 걸었다

허공에서 내 전생 타는 냄새가 났다

빛뿐인 그가 강물 소리를 한 손에 들고
연기를 목에 걸고 빈디 속으로 들어왔다

자스민 향기에 숨이 막힌다
그는 어디로 갔을까

나비

나비가 날개를 친다 나비는 자신의 첫 날갯짓 소리에 놀라 귀를 막는다 연잎 뒤에 숨는다 생쥐가 까만 눈을 굴리며 나비를 본다 귀를 파고드는 생쥐 소리 나비는 귀를 막는다 연잎 뒤쪽은 나이테만 쌓이고 나비는 연잎 밖이 무섭다 연잎 밖의 생쥐가 나비를 본다 날갯짓 소리로부터 생쥐로부터 나비가 달아난다 스위치를 내린 물속 세상은 아늑하다 구겨진 날개 밖으로 고개를 내민다 날갯짓 소리, 두고 온 소리는 모두가 음악이다

불로동 화훼단지에서

데이지 한 송이에도
신의 손길이 있다

귀와 눈에 가득한
뚝뚝 떨어지는 꽃잎의 말

나를 베어내고 꽃을 심는 3, 4월
바람도 꽃말을 알아듣는다

새기지 않으면 사라질 말
부활한 성처녀 향기로운 나들이

약속의 땅을 찾아
붉은 강물 흐른다

돌

팔매질을 당했다
절벽으로 굴러 떨어졌다
수천 번의 뺨을 맞았다
뺨 속으로 갈매기가 날아들었다
둥지를 틀었다
알을 낳고 새끼를 쳤다
새끼들이 돌 속을 파먹었다

새끼들이 자라자
돌은 가벼워지기 시작했다
바람이 둥글어지고
파도가 둥글어졌다
새끼들이 나는 법을 익히자
돌은 하늘로 날아올랐다

사탕무늬 구름

언덕에 섰다가 사탕무늬구름을 뒤집어썼어요

구름으로 옷을 지어 입고 이불을 만들고 그러고도 남은 구름으로 방안 가득 채웠어요

옷에서 사탕꽃들이 피어났어요 구름으로 채워진 방에서 구름으로 지은 옷을 입고 뒹굴었어요

네온사인 반짝였어요 초록 신호등 붉은 신호등 양의 얼굴 사자의 얼굴 피었다가 시들었어요

구름이
떠나가기 시작했어요 옷과 이불이 떠나가기 시작했어요 구름속에서 깨어났어요

빈방에 딱정벌레 한 마리

시간은 구름처럼 흘러갔어요

오두막

어린 시절 목 뒤에 주먹만한 혹이 있는 할아버지가 있었다 골목길 아이들, 돌멩이를 던지며 놀렸다 찌그러져 가는 오두막 방문 앞 오줌단지에서 지린내가 코를 찔렀다 두서너 사람 앉으면 가득할 방에 나무 상자 하나 놓였다 아파서 똥오줌 가리지 못하는 할아버지 바지를 적시는 날엔 나무 상자 안으로 들어갔다 동네 사람들에게 짐 될까 미리 들여놓은 관이다 눈동자 풀린 할아버지 관속에 들어가 눕는 날 낡은 초가는 봉분이 된다 적막도 포근한 수의가 되어 살아 있는 것보다 편한 주검이 된다 그 오두막, 피붙이 없는 할아버지 죽음을 연습하던 무덤이었다

보청기를 빼다

밤늦도록 풀숲에
귀뚜라미 소리 가득한데
구순이 되신 아버지
가을 문밖 캄캄하다
귀 문을 닫고 오늘 밤
아버지, 아버지 속으로 들어가신다
걷다 문득 뒤돌아보는 길목
홀로 산길 오르신다

달이 지나가는 소리
나무가 자라는 소리
꽃 지는 소릴 들으시는지
꽃눈이 되고 싶다던 아버지
밤새 고요의 문 열어두고
내 손이 닿지 않는
아픈 등 닦아내시는지

솟대

억새 속으로 빠져들고 있었다
머리 검고 배 하얀 새 내 품으로 날아들었다

진흙을 물어오고 나뭇가지를 물어오고
하얀 새는 내 품 속에 하얀 집을 지었다

내게는 바람 냄새 구름 냄새가 났다
나는 새가 되었다

세상은 작아지고 나는 부풀어
하얀 새 어느 날 나를 떠났다

억새 속으로 빠져들고 있었다
내 품 속 하얀 집은 어디로 갔을까

바람이 불어와
바지랑대 끝에서 구름이 꽁지를 까딱이고 있었다

길

골목마다 길들이 기어든다
길을 찾아 나선 길
길과 발자국이 실랑이를 벌인다

길에서 길을 잃는다
길을 열고 안으로 들어가는 건
몸에 못 자국을 내는 일
길의 피를 보는 일

어딘가 더 깊은 길이 있을 텐데
깊숙이 들어가야 할 텐데

완강한 길이 길을 물고 풀어지는 날
길을 돌리며 줄넘기를 해볼까

서출지 연꽃

경주 남산,
소지왕이 찾았던 천천정 찾는다

갈증을 식혀줄 한 모금
건널 수 없는 저수지에 이른다

까마귀와 쥐들이 울며 가던 길
2박 3일 머리카락 뜯는다

내 안에 품고 온 이름 깨지는 소리
깨어져서 다시 하나가 되는 소리

헝클어진 올 하나가 풀린다
올이 풀려서 풀리는 길

까마귀와 쥐들이 울며 가던 길
길이 죽고 피어오른 연꽃 한 송이

자두

가창을 지나는데 왼쪽 눈은 신호등을 살피고 오른 쪽 눈은 창밖을 기웃거린다 오 분 후면 집에 갈 수 있는데 자두가 뱃속을 구르는 자두가 길을 막는다 교회 옆 에 길 가에 차를 세운다 자두가 쏟아질 태세다 버스 정류장에 붉은 자두가 휘둥그레 쏟아질 태세다 하나님의 교회는 만인의 집 화장실 문을 열자 자두가 쏟아진다 눈물겹도록 자두가 쏟아진다 변기는 나의 주님, 교회 건물이 커다란 변기로 나를 맞았다

맨드라미

바람이 불자 살에 박힌 시간들이 흘러내린다 밤마다 화살을 쏘아 올린다 바람이 불자 그 화살 달의 새끼발가락 쯤 스치고 지난다 외진 곳에서 태양이 흘리고 간 열기를 깊숙이 빨아들인다 바람이 불자 하늘로 난 길 땅속으로 뻗는다 연못이 자라나 파문이 넘쳐흐른다 바람이 불자 가느다란 눈썹 끝에 달린 볼록렌즈가 삶을 구부린다 세상이 붉은 물감처럼 풀어진다 한여름 꽃대궁, 바람이 불자 내 입술에 불꽃이 탄다

나무와 꽃

나무와 꽃은 다른 하늘을 본다 나무는 날아가는 동박새를 보고 꽃은 새의 그림자를 본다 새가 나뭇가지에 앉았다 날아간다 꽃은 날아간 새의 발자국을 본다 발자국엔 건널 수 없는 바다가 있고 골짜기가 있고 가시가 있고 핏자국이 있다 꽃은 나무의 변방, 나무와 꽃 사이엔 동박새 울음이 끼어있다 나무의 말은 초록이고 꽃의 말은 붉다

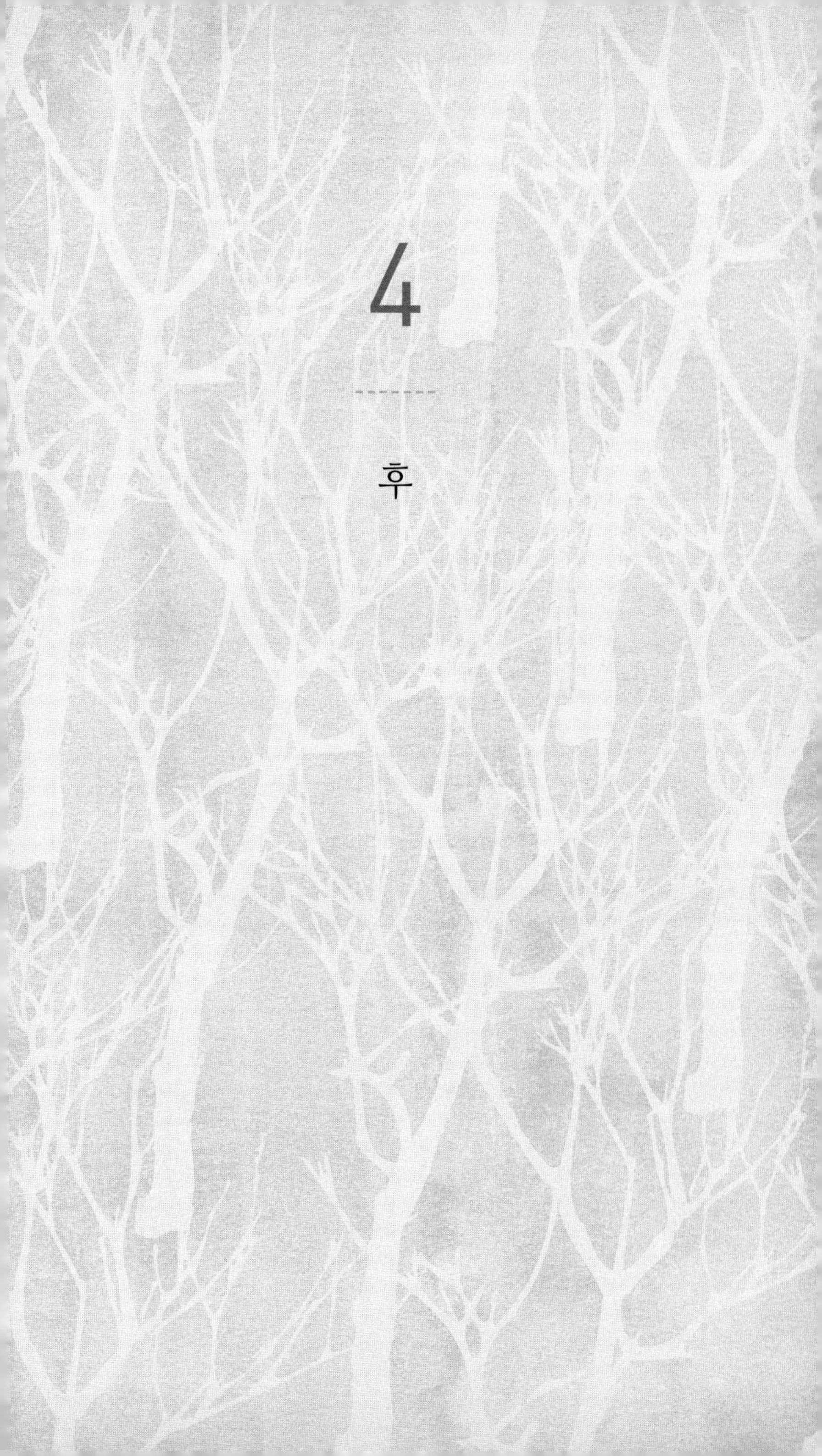

4

후

국을 끓이다

끓인 속 넣어 국 끓인다
끓인 국 떠먹고 속 풀이한다

난 바글바글 끓는 국

목구멍이 찢어지도록

나가!

나뭇가지가 뻗어 보름달을 찌른다

달빛이 내 싸대기를 날린다

난 바글바글 끓는 국

끓는 국 넣어 국 끓인다
끓인 국 떠먹고 속 풀이한다

달빛이 서산을 후려치며 소리친다

꺼져!

어웜스[Earworms]

반월당 네거리에서 버스를 탄다

약국을 지난다
남문약국남문약국남문약국–남문남문남문–

갉아 먹힌 나뭇잎

대백프라자를 지난다
대백대백대백대백대백대백–백대백대백대백대백대–

널 버리고 맞은 따귀

오후 두 시의 별이 오후 두 시의 별을 데리고 수성 못에 빠졌다
starrystarrynight–starrystarynight–starrystarrynight–

고흐는 어린 왕자의 나라에 있을까

신세계아파트를 지난다

신세계신세계신세계신세계신세계–신세신세신세신세–헉–

가방을 뒤져 껌을 씹는다

꽃병

목이 긴 청자병에
꽃을 꽂는다

그와 난 천사의나팔을 두고
그는 네 시 방향이라 하고
나는 다섯 시 방향이라 한다

꽃의 방향을 논하다 꽃병을 엎지른다
꽃잎에 날이 선다

거실 바닥으로 물이 흘러
꽃 그림자가 젖는다

창 밖, 하늘 중심
구름탁자에 둥근 꽃병이 놓였다
해바라기 활짝 폈다

목 꺾인 꽃은 봉오리 째 떨어진다

그와 나의 꽃병엔 물이 차오를까

당분간 젖은 시간을 옷걸이에 걸어둔다

사금 건지기

체질을 한다

체 위엔 모래뿐

흔들려야 산다고

체 아래로 떨어지는 모래들

사금 따윈 없다

체 위에 남은 건

한 소쿠리 흔들리는 하루뿐

국그릇에 입을 대고

할머니의 국대접이 내게로 왔다
대접엔 실금이 든다
빗물이 들고 바람이 들고
너와 나의 틈 사이로
지나온 길이 벌어지고 있다
할머니의 국대접이 내게로 왔다
뜨거운 실금이 몸을 타고 흐른다
깨진 그릇에 끓는 물이 고인다

푸른 밤

푸른 포말이 안개처럼 깔리는 밤, 간다 안개처럼 깔리는 밤이 간다 바짓가랑이를 끌며 간다 푸른 루즈를 바르고 간다 바람 불고 비오고 눈이 쌓인다 구름 위로 바다 위로 간다 이 길은 어디로 가나 공중을 밟고 간다 여기가 어디야? 장작 태우는 냄새가 난다 그 길 끝에 그가 있다 그는 있는데 그의 뒷모습이 없다 나무, 돌, 숲 사이로 없는 그의 뒷모습이 간다 길도 없는 길이 끝없이 간다

오십견

1

편식한 습관과
한쪽으로 돌린 쳇바퀴와
각도 밖은 볼 수 없는 눈으로
굳어버린 뼈와 근육
안으로 손 내미는
담쟁이 순을 끊으며
흘러온 시간
하늘 쪽으로 치우쳤던 눈길이
감긴 어깨 속
딱딱한 시간들이 풀려 나온다
내가 가진 건 모두 바늘인가
돌아눕다 찔린다

2

내려놓기 위해 내려가야 할 시간
날개가 필요하다
어깨에서 돋는 영구치가 필요하다

귀로 말하지

노랑풍선만 좋아하는 사람, 웃지 않는다 웃는다는 건 낯설다 멍하니 초점 잃은 눈, 표정을 숨겨둔 곳은 어딜까 얼마나 깊을까 몸 속 저수지의 진흙 속, 연뿌리 속의 물관 속, 한 방울 수액일까 무한정 깊이 내려가다 보면 길을 잃지 그 속엔 너만이 볼 수 있는 해와 달이 뜨고 오솔길로 숨겨둔 또 한 마리 토끼가 있지 두 발로 일어서 먼 곳을 본다 움츠려 식빵이 된다 목이 안 보여, 졸다가 그루밍을 한다 상춧잎을 들고 가면 두 귀를 까닥인다 기쁠 땐 두 번, 반가울 땐 세 번, 귀로 말하지

Y

베란다 10층 아래로 뛰어내린 차들이 질주하는 도로를 무단 횡단하는 어느 집 대문 앞에서 멍하니 서 있는 강물을 따라가다 풀숲에서 잠드는 달리는 기차를 들이받으며 피 흘리는 헝클어진 머리털 무논을 가로질러 산을 넘는 술에 취해 비틀거리는 부러진 다리를 절며 돌아보는 파도에 깎이며 바람의 언덕으로 달려가는 X의 신발을 던져버렸다

Y의 맨발이 환하다

강이

깃발이 낮은 쪽으로 손을 흔든다

센서등이 켜졌다 꺼졌다

창문이 창문에게 몸을 기댄다

담 장 위 꽃들이 종횡무진 범람한다

넌 만들 수 없어 그러니까 누군가 낳았겠지

센서등이 켜졌다 꺼졌다

벽을 당기자 천장이 구불구불 끌려온다

장미에 대한 폭력

난 가위를 들고 있다 향기가 총칼이 될 수 있을까 내 손을 찌르는 널 자른다 목, 허리, 다리를 자른다 푸른 피가 흐른다 네 목 자르자 내 목이 살아나고 네 허리 자르자 내 꺾인 허리가 펴지고 네 다리 자르자 내 썩은 다리에 피가 돈다

푸른 피를 마시고 사는 사람이 있다

9월 어느 날

미세먼지 속을 걷는다
절벽이 입을 벌리고 날 삼키려 한다
옆길이 날 따라온다
발을 딛는 곳이 절벽이다
물빛이 넘실넘실 나를 부른다
꽃은 떨어져 내리고
바람은 잠들었다
차들이 급정거를 하고
허공의 바퀴가 빠져버린다
새가 날지 않는 하늘
길에서 담배를 피우던 남자가
돌이 된다

후

내 피 한 사발 말려
피워낸 원추리
꽃대 채 무너졌다

CD에서 J씨의 목소릴 꺼낸다
꺼낸 목소리에 불을 붙인다
목소리 끝이 발갛게 타오른다

허스키한, 뜨거운
폐부 깊숙이 빨아들인다

하늘로 오르는
그의 목소리 따라 내가 오른다

수평선을 바라보는 바위와 젖은 들꽃과 내 슬픔이 쌓인 하늘나리섬

그 섬에 누워

그의 심장 소릴 빨아들인다

후–

후–

무너진 원추리에서

내 피 한 사발

다시 꽃이 핀다

동백

새벽
나무가 눈을 뜬다

지난 봄, 꽃 진 뒤
붉은 빛만 모았다

내 몸속 그늘 뚫고
붉은 어둠 꽃 핀다

나무를 일으켜 세우는 꽃
붉은 링거액이 온몸으로 흐른다

어둠을 도려내는
한 줄기 칼

해설

존재와 말의 변증법, 그 공명하는 무늬의 빛깔에 대한 보고서

이희숙의 시 세계

정훈
문학평론가

이희숙의 시에서 미세한 떨림을 발견하기란 어렵지 않다. 제자리에 안주하며 관상(觀象)하는 세계에서 펼쳐지는 존재의 풍경보다는, 그 존재를 지칭하는 말의 매무새에서 새어 나오는 숨가쁘지만 날카로운 호흡이 그의 시편에 두드러진다. 이러한 특징은 말과 말 사이에서 가득 부풀어 있는, 인식과 감성의 팽팽한 장력으로 해서 더욱 분명해진다. 앎이 느낌을 흡수하려 하고 느낌이 대상을 끌어들여 완전히 젖게 하려는 무의식적인 의지다. 그러니까 시인에게 세계는 보이는 그대로의 실상에 대한 미적 향수로서가 아니라 존재를 존재이게끔 하는, 언어가 관계하는 세계의 현상 양태를 빨아들이고 밀어내는 역동적인 구성체인 것이다. 여기서 시인이 구성하는 시적 세계의 의미 맥락은 중요하지 않다. 이희숙의 시에서 세계와 의미는 말과 말 사이 깊은 구렁에 잠겨져 있다. 중층적인 비유와 이미지를 벗겨내면 투명하고 서늘한 바람이 빠져나간 듯한 공허함이 자리 잡고 있다. 이 공허함은 무(無)나 허무로서의 니힐리즘을 향하고 있는 것이 아니라, 시인의 입술을 향해 눈을 동그랗게 떠서 새로운 관계 정립을 갈구하는 물상(物象)으로 배회한다.

시인이 어둠 속에서 흘러 다니는 존재의 뒷덜미를 잡아 건져 올리면서 그것에 생기를 불어넣는 언어를 갖다 붙이는 순간 말들은 유동하는 생명체가 되어 하나의 독특한 시의 무늬를 새기게 된다. 그러므로 이희숙의 시에서 조금 현실성을 잃어버린 듯한 상상과 환상의 경계를 넘나드는 까닭을 이해할 수 있다. 사실과 현실에 대한 시인의 감성적 반응을 뛰어넘어 입을 맞추면서 허공으로 길어 올려진 창백한 말(대상)이 엮는 유니크한 형식을 건조한다. 거기에는 애초에 수면 아래로 깊숙이 잠겨 있던 세계의 원형질들이 말의 외장을 입고서 마치 스타카토의 리듬처럼 지표면을 두드리고, 말의 안쪽에서 잡아당기는 선험적인 세계(현실계나 본질계)가 불러일으키는 떨림이 색칠하는 빛깔이 이희숙 시의 독특함을 해명하는 열쇠가 될 것이다.

동쪽 창은 눈부시고
석류나무 서쪽은 그림자가 길다

나는 매일 서쪽으로 간다
동쪽 창을 데리고 서쪽으로 간다

석류나무 아래에서 스웨터를 뜬다
긴 서쪽 그림자로 스웨터를 뜬다

동쪽 창가에 석류꽃 피고
석류꽃 그늘에서 토끼가 달아난다

석류나무 서쪽에서 석류나무 서쪽으로
석류꽃이 달아난다

석류꽃 토끼는 어디로 갔을까?

나는 매일 서쪽으로 간다
동쪽 창을 데리고 서쪽으로 간다
–「석류나무 서쪽」 전문

이러한 면모는 「석류나무 서쪽」에서 보는 것처럼 무미건조하게 반복하는 동사의 나열과, 대립된 방향의 표현에서 선명하게 드러난다. 시의 화자가 스케치하는 대상이 품은 존재적 의미는, 시어에서 확인할 수 있는 것처럼 반복과 순환이 말의 표면 밑 깊숙한 곳에 숨겨져 있지만 마치 그것이 처음부터 놓여져 있지 않았던 것처럼 어떤 초월적인 기표로 흡수된 듯하다. 기의가 없다는 말이 아니라 시인이 읊조리는 말에 달라붙어서 그 말을 아래에서부터 꿰뚫고 나오려는 본질적인 실상의 세계는 시에서 흩뿌려 놓은 언어의 배합에 꽉 붙들어 매여 영락없이 화석화된 기표로 놓여있다. 시인은 서쪽과 동쪽이 지시하는 방향으로 가야 하는 언어의 굴레를 의식한다. 서쪽이기에, 그것이 어느 좌표에서 출발하든지 반드시 도착해야 하는 지점이고, 이 서쪽의 길로 나 있는 방향과 지점은 '시'를 완성하는 과정에서 어떤 푯대처럼 시인의 시선에 고정되어 있다. "나는 매일 서쪽으로 간다"는 문장이 지시하는 바, 시인의 불변하는 의식 지향성과 순간순간 들끓어 오르는 실재 세계의 징후와 상징이 응집된 곳에 위 시의 묘한 분위기가 흘러나오는 것이다. 이러한 특징은 시인이 달아나려 하지만 거대한 말의 장벽에 갇혀 절망하는 포즈로 시에 반영된다. 석류나무 서쪽은 단순히 방향이기도 하지만 시인이 세계와 말이 주고받는 고혹적인 대화의 비밀을 알고자 하는 몸짓이기도 하다. 이는 스웨터를 뜨는 행위에서부터 달아난 토끼의 행방을 묻는 것처럼 동기와 이유가 삭제된 행위나 물음이 환기하는, 짐짓 딴청을 부리는 시인의 곁눈이 상징하는 알리바이를 낳게끔 작동한다. 결국 무산되고야 말 세계의 확인은 이처럼 기표의 무의미한 미끄러짐으로 한없이 유예되거나 무한히 순환하는 말들의 연쇄로 변이된다.

어떤 방식으로 나를 열어보여야 하나 그가 오는 시간과 가는 시간은 정해져 있지 않다

그는 건물 옥상에 있고 빈 의자 위에 있고 바늘 끝이나 칼날 끝에도 잠시 머문다

나는 그의 손가락과 발가락과 머리카락을 가방에 넣고 그해 봄을 찾아갔다

마을 사람들은 보리를 베러 가고 술 조사가 나오고 헛간 짚더미 속에서 그의 손가락과 발가락과 머리카락이 가슴을 졸였다

우편함을 열자 열리지 않은 소포가 있었다. 그가 시간의 목덜미를 움켜쥐고 있었다

–「고요」 전문

결코 잡히지 않는 의미의 행방은 시인에게 말의 꽁무니를 쫓아다니는 또 다른 언어의 아가리를 내보임으로써, 끝날 줄 모르는 세계의 어지럼증을 보여준다. 이것은 「고요」에서 '시간'이라는 존재 영역으로 나타난다. 시간이 남기는 흔적을 무심히 바라보면 그것이 들어갔다 나오는 자리가 묘연해진다. 시인이 쫓는 '그'는 어디에도 나타나지만 실상은 어디에도 머무르지 않는, 한

없이 미끄러지는 기표로 놓여있다. "그가 오는 시간과 가는 시간은 정해져 있지 않"지만 "건물 옥상에 있고 빈 의자 위에 있고 바늘 끝이나 칼날 끝에도 잠시 머"무는 존재로서 그의 얼굴은 실루엣처럼 실체가 확연하지 않다. 그 까닭은 "그가 시간의 목덜미를 움켜쥐고 있"기 때문이다. 점멸하는 행위이자 실체로서 시간의 신비를 시인은 감득한다.

시간이 주는 비의는 존재의 공허함을 느끼게 한다. 이희숙은 정처 없이 떠다니는 언어의 표피를 매만지며, 언어가 포획하고 잡아끄는 존재 대상이 맞이하는 무상(無常)을 직시한다. 여하한의 고독이나 슬픔도 증발한 채 흘러가는 것들의 표정에서 시인이 말하려고 하는 것은 무엇일까? 그런데 언어의 지시대상이 보여주는 그림이 곧바로 시인이 목적하고 성취하고자 하는 시의 색채가 되지 않는다. 대상은 한 곳에 머무는 풍경이 될 수 없다. 그것은 한없이 푸른 빛을 띠는 듯하다가도 어느새 잿빛이나 물빛으로 돌변한다. 시인의 손에 쥔 붓이 부리는 묘기인 바, 시집 『석류나무 서쪽』에 그려진 존재의 표피에 얼룩처럼, 혹은 커다란 구멍처럼 드리운 마술 같은 시간의 눈동자가 시의 중심부에 똬리를 틀고 있음을 확인할 수 있다. 그것이 휘두르는 숙명의 회초리에 나뒹구는 존재의 몸뚱이에 선연히 새겨지는 비극적 울음을 우리는 무엇이라 이름 붙일 수 있을까?

어린 시절 목 뒤에 주먹만한 혹이 있는 할아버지가 있었다 골목길 아이들, 돌멩이를 던지며 놀렸다 찌그러져 가는 오두막 방문 앞 오줌 단지에서 지린내가 코를 찔렀다 두서너 사람 앉으면 가득할 방에 나무 상자 하나 놓였다 아파서 똥오줌 가리지 못하는 할아버지 바지를 적시는 날엔 나무 상자 안으로 들어갔다 동네 사람들에게 짐 될까 미리 들여놓은 관이다 눈동자 풀린 할아버지 관속에 들어가 눕는 날 낡은 초가는 봉분이 된다 적막도 포근한 수의가 되어 살아 있는 것보다 편한 주검이 된다 그 오두막, 피붙이 없는 할아버지 죽음을 연습하던 무덤이었다

–「오두막」 전문

"오두막"이 곧 "무덤"이 되는, 존재의 변용을 일으키는 주요 동인(動因)이 바로 시간이다. 삶의 거처가 죽음의 터가 되는 아이러니를 보게 되는 것이다. 무덤의 표상을 염두에 두면 사실 오두막이든 주택이든 아파트든 인간이 세계에 덩그러니 놓여있으면서 생의 빛을 갈구하지만 끝내 시간의 진군을 멈추게 하지는 못하는 실존적인 허약함을 생각하지 않을 수 없다. 인간의 유한성이다. 시인은 「오두막」에서 유한하고 나약한 존재가 자연스럽게 부딪치게 되는 풍경을 묘사한다. 할아버지가 처한 몸의 현실은 사실 그리 중요하지 않다. 그는 아프지만, 노쇠해서 아픈 게 아니라 시간의 머리를 낚아채어 원점으로 되돌리지 못하는 인간이기에 아픈 것이다. "아파서 똥오줌 가리지 못하는 할아버지 바지를 적시는 날엔 나무 상자 안으로 들어"가는 모습에서

시간의 잔인함에 굴복하는 자가 또 다른 시간의 세계에 진입하고자 하는 무언의 행동이다. 이는 비극이기도 하고 희극이기도 하다. 시간이 엮어내는 운명의 굴레에 굴복했기에 비극이요, 비극을 끝낼 또 다른 차원의 세계를 염원하고 이에 응당 수락하는 포즈를 취하기에 희극이다. 「오두막」에 그려진 존재론적 서사와 풍경은 거대한 시간의 아가리에 잠식되어 가는 존재에 대한 알레고리다. 이 기괴한 알레고리를 그리는 시인의 시선과 손아귀는 차갑다 못해 얼얼하게만 느껴진다. 시인은 슬픔에 빠지지 않으면서 존재의 민낯을 까발린다. 그는 수수께끼처럼 생의 주변을 맴도는 검은 빛을 포획하고 아무렇지도 않게 독자에게 보여준다. 이 지점에서 시인의 혀는 농담처럼 존재와 언어가 주고받는 밀어에 틈을 낸다.

골목마다 길들이 기어든다
길을 찾아 나선 길
길과 발자국이 실랑이를 벌인다
길에서 길을 잃는다
길을 열고 안으로 들어가는 건
몸에 못 자국을 내는 일
길의 피를 보는 일

어딘가 더 깊은 길이 있을 텐데

깊숙이 들어가야 할 텐데

완강한 길이 길을 물고 풀어지는 날
길을 돌리며 줄넘기를 해볼까
–「길」 전문

존재론의 핵심은 '왜 있는가'이다. 세계나 물건이 왜 존재하는지 탐구하는 것이 존재론자들의 과업이다. 시인은 시의 화자로 하여금 그가 왜 존재하는지 에둘러서 묻는다. 사실은 존재의 이유를 따져 묻는 것이다. 그 해답 가운데 하나를 찾기 위해서 실천하는 일이 바로 길 찾기이다. 그런데 화자에게 길은 이미 주어져 있다. 주어진 길 위에서 길을 찾아 헤매는 아이러니가 시 전편을 메운다. "길에서 길을 잃는다/길을 열고 안으로 들어가는 건/몸에 못 자국을 내는 일/길의 피를 보는 일"이라고 시인은 썼다. 길을 걷기 위한 통로가 길 속에 있고, 화자가 생각하는 진정한 길을 열기 위해서는 "몸에 못 자국을 내"거나 "길의 피를 보"아야 하는 것이다. 제3연까지 진술한 길의 탐색이 존재론의 시적 여정이라면, 마지막 연의 "완강한 길이 길을 물고 풀어지는 날/길을 돌리며 줄넘기를 해볼까"란 진술은 지금까지의 진지한 물음을 무화시킴과 동시에 이를 유쾌하게 조롱하는 말법의 뉘앙스를 풍긴다. 이러한 점은 시인이 쫓는 존재의 본질이 언어의 힘에 무화되고 한갓 사변적인 추상에 지나지 않음을 상징하는 말의 기능에 속한다. 이러한 거대한 농담이 향하는 지점에는 세계와 언어가 맺는 의미관계가 소거된다. 말의 핍진성이란 한낱 환상이요 이데올로기에 불과하다. 언어가 겨누는 대상은 존재하지만 존재하지 않는 신기루일 뿐이다. 달리 말해 허깨비 같은 실재계에 몰두하여 언어의 현실 반영에서 생기는 틈새를 메우기 위해 또 하나의 관념을 호출하는 어리석음을 시인은 범하지 않으려 하는 것이다. 이는 시인에게 즉물적인 표현을 요구한다. 즉, 감각적인 형식을 통한 세계 이해와 수용이다. 세계와 말은 이러한 직접적이고 감각적인 매개 양상에 따라서 한층 역동적이고 중층적인 관계를 이룬다. 또한 이것이 시적 효과로 나타날 때 다양한 해석의 여지를 남기게 되고, 시가 감추고 있는 여러 기능들을 새삼 떠올려 보게 되는 것이다.

> 푸른 포말이 안개처럼 깔리는 날, 간다 안개처럼 깔리는 밤이 간다 바짓가랑이를 끌며 간다 푸른 루즈를 바르고 간다 바람 불고 비오고 눈이 쌓인다 구름 위로 바다 위로 간다 이 길은 어디로 가나 공중을 밟고 간다 여기가 어디야? 장작 태우는 냄새가 난다 그 길 끝에 그가 있다 그는 있는데 그의 뒷모습이 없다 나무, 돌, 숲 사이로 없는 그의 뒷모습이 간다 길도 없는 길이 끝없이 간다
>
> –「푸른 밤」 전문

「푸른 밤」에서 묘사하고 있는 밤의 이미지는 역동적이고 생

동감 넘치는 다른 이미지들과 복합적으로 어우러지면서 그 상징적 의미를 강화한다. 이는 시인의 감각적인 대상 수용 방식에서 생겨난 효과이다. 밤이 주는 특별한 분위기와 정조보다도, 밤을 중심으로 해서 원심력으로 넓게 퍼져나가는 유사 이미지와 상징 등에서 연유하는 연상 작용이 위 시를 더욱 두드러져 보이게 하는 것이다. 포말, 안개, 푸른 루즈, 바람, 비, 눈, 구름, 바다 등과 같은 소재들이 푸른 밤이 야기하는 이미지와 섞이면서 시상 전개를 빠르고 생동감 있게 만든다. 이런 측면과 아울러서 시 후반부에 진술하는, 푸른 밤의 이미지와 사뭇 이질적인 분위기는 오히려 시 전체의 균형을 기우뚱하거나 삐딱하게 해침으로써 색다른 긴장을 자아내는데 일조한다. "장작 태우는 냄새가 난다 그 길 끝에 그가 있다 그는 있는데 그의 뒷모습이 없다" 이후의 구절들에서 확인할 수 있는 모종의 환상적인 분위기는, 푸른 밤의 몽환적이면서도 비현실적인 공간과 시간을 가로질러 전경화된다. 전반부와 사뭇 다른 시상의 전개와 함께 즉흥적이고 감각적인 표현이 위 시로 하여금 시 형식과 시적 대상의 팽팽한 긴장관계를 형성한다. 이 또한 언어가 지니는 속성에서 비롯하는 것이다.

『석류나무 서쪽』에서 두드러지는 감각성은 말의 본질적인 속성에서 비롯한다. 원래 말은 육체성을 기반으로 해서 배설되는 소리의 기호다. 이 육체성이 개념과 추상으로 변이되는 과정에서 생생한 날것의 죽음과 화석화는 필연적이다. 시인은 회색빛 언어의 관념화가 불러일으키는, 죽은 말의 난장을 거부한다. 그렇기에 여기저기서 돌올하게 등장하는 시어들이 시편을 활기차고 생생하게 살아있는 존재들의 동선으로 보이게끔 한다. 이것은 말의 주술성과 밀접하게 연관되어 있다. 시인은 말에게 생명을 부여하면서 말이 파고드는 파장과 진행 방향을 역동적으로 구성하는 존재다. 여기서 말이 지니는 원래의 뜻이 여러 갈래로 분화되고 확장하면서 다채로운 의미 변용으로 나타나는 것이다.

쑥갓꽃이 언덕을 덮었다
기침이 났다

언덕 아래, 버스는 구불구불 지나갔다

산이 없었다
머릿속 나무가 마르기 시작했다

천 마리의 새와 해가 떴고
천 마리의 새와 해가 졌다

해의 몸, 몸의 해가 만났다
기침이 났다

등에 털이 벗겨진 고양이가
방안을 들여다보았다

목에 걸린 머플러가 심하게 날렸다

날지 못할까 두려워
앉지 못하는 새가 있었다
–「4월의 몰타」전문

언어에 생명을 부여하는 의지의 목적은 말과 말이 서로 만나고 맞부딪치면서 생성하는 새로운 언어 형식체를 구성하는데 있다. 시에서 형식은 곧 시가 내보이는 세계 자체이다. 각각 독립적인 의미를 지닌 말들이 어떻게 조합·배열되느냐에 따라 작품은 다양한 빛깔을 발산한다. 「4월의 몰타」는 마치 언어의 브리콜라주처럼 서로 연관성이 없는 듯한 언어 문맥의 조합을 통해서 독특한 시 이미지를 창출한다. 위 시는 간결한 문장과 역동적인 동사의 사용으로 생동하는 세계의 한 면을 연상케 한다. 기침이 나고, 지나가고, 마르기 시작하고, 뜨고 지고, 만나고, 들여다보고, 날리는 행위 묘사가 속도감 있게 배열되어 있기 때문에 독자는 아마도 의식과 감성의 잔잔한 수면 위로 수많은 돌멩이들이 후두둑 떨어지는 듯한 느낌을 받을 것이다. 시인이 형상화하는 동적인 언어와 대상들은 여러 갈림길에서 출발했더라도 하나의 빛깔로 수렴하기 마련이다. 카니발적인 언어가 서로 충돌하고 마찰하는 가운데서도, 축제가 원래 지향하는 목적을 잃지 않듯이 말들의 뭉치라 할 수 있는 한 편의 텍스트는 그만의 고유한 길을 헤쳐 나가는 것이다. “해의 몸, 몸의 해가 만”나 “기침이” 나고 “날지 못할까 두려워/앉지 못하는 새가 있”다고 시인은 쓴다. 긴장과 불안에 모든 언어의 떨림이 집중되는 듯하다. 이러한 부정적이고 폐쇄된 정조는 이희숙 시의 한 특징으로서, 존재의 불안정한 속성을 재확인하는 표지이기도 하다.

> 밖에서 안을 본다 깊고 넓은 동굴이 보인다 안으로 들어간다 어둠 속에 들소 말 사슴 모양의 종유석과 석순이 자라고 있다 동굴 속엔 출구가 없다 그녀가 기르던 동굴 턱턱 목구멍에 걸리는 들소 말 사슴, 긴장한 들소가 있고 질식하는 사슴이 있고 우는 말이 있고, 헬멧도 없이 후레시도 없이 시간을 찾아서, 벽에는 들소 말 사슴이 그려져 있다 어느 날 벽에서 짐승 울음소리가 들렸다 벽 속에선 고삐 풀린 말이 달리다 말고 들소 말 사슴이 풀을 뜯다 갇혀 있다 동굴을 부수자 모래가 흘러내린다 뒤집어 말리자 박쥐가 날아간다
>
> –「동굴」 전문

존재의 불안정함은 대낮이 주는 안정적이고 밝은 속성과 대립된 곳에 놓인다. 그런데 거기에는 역으로 말해서 끊임없이 변화하고 일그러지고 가라앉는 역동적인 메커니즘이 들어있다. ‘동

굴'은 어둠이자 미지의 영역이다. 심연이고 아직 환하게 드러내지는 않았지만 언제 솟구칠지 모르는 본성의 리비도가 잠재하는 곳이기도 하다. 그 속에는 "들소 말 사슴, 긴장한 들소가 있고 질식하는 사슴이 있고 우는 말이 있고, 헬멧도 없이 후레시도 없이 시간을 찾아서, 벽에는 들소 말 사슴이 그려져 있다." 억압되어 있는 무의식과 리비도의 충동적·역동적인 이미지다. 그런데 굳이 위 시를 정신분석학적인 틀로 해석하지 않더라도 어딘가 모르게 불안정하면서 어두운 정조를 감지할 수 있다. 출구가 없는 동굴 벽에 그려져 있는 들짐승들의 절규와도 같은 생생한 그림과 환청처럼 들리는 짐승 울음소리가 멈추지 않는다. 그런데 이 동굴은 사실 모래로 만들어진 허약한 공간이다. "동굴을 부수자 모래가 흘러내린다 뒤집어 말리자 박쥐가 날아"가는 초현실적인 장소로서, 시인은 자신이 구축한 비현실 공간을 생생하게 묘사한다. 이것은 상상의 공간이요 표지다. 상상 속 현실에서 감각적으로 수용하는 세계는 유동적이고 변화무쌍하며 존재 변이의 자유를 맘껏 펼쳐 보인다. 심연 속에 꿈틀거리는 존재들과 언제 분출하고 약동할지 기약할 수 없는 눈앞의 풍경들, 이를 깊숙이 들여다보면서 이들과 함께 움직이고 숨쉬고 생동하는 화자의 의식이다. 여기에서는 긴장과 공포와 불안마저도 존재 비약의 조건이 되는 것이다.

세상이 초코렛 통속으로 빠졌어요 바닥의 책들이 발에 걸려요 식탁을 몸으로 들이 받아요 손이 당황한 발을 잡아줘요 담벼락을 더듬는 손끝, 땅을 더듬는 손끝이 눈을 뜨고 세상을 보기 시작해요 손끝에서 나온 빛이 나팔꽃 줄기를 따라 건물 벽을 타고 올라가요 허공을 더듬던 손을 맞잡자 다른 손으로 감고 올라가요

손톱 사이 가시에서 싹이 돋아요 손끝에서 자란 나팔꽃 줄기는 서로의 몸을 엮는 끈, 엮인 몸은 서로의 온기를 전해요 복종을 강요받던 강아지는 풀려나 거리를 활보하다 쓰러진 사람의 눈물을 핥아줘요 자동차는 이미 쓰레기, 서로를 향하여 손가락 끝에 달린 램프를 켜서 앞을 비춰요 우물 하나씩을 꺼낸 뒤 물을 긷고 목을 축여요 흙에서 죽은 사람냄새가 나요 닫힌 문을 부수가 나와 손끝으로 보는 하늘, 눈먼 자들의 도시는 눈을 뜨기 위해 눈을 버려요

–「눈(目)의 안쪽」 전문

질서 잡힌 듯 정연한 현실에서 눈에 보이지 않고 가려진 현실 너머를 상상하는 사람이 사실 시인이다. 이희숙의 시에서 드문드문 드러나는 불안의 이미지는 시가 현실의 불안정함을 나타내는 단서이기도 하지만, 현실 저편에서 시안(詩眼)으로 낚아챈 무질서하면서도 역동적인 존재의 변화무쌍한 풍경을 고스란히 드러내는 과정에서 필연적으로 생겨난 것이다. 「눈(目)의 안쪽」 또한 마찬가지다. 제목에서도 유추할 수 있듯이, 가시계 안쪽 깊숙이 숨겨져 있는 비가시계를 상상하는 일은 세계와 현실이 얼

마나 조작적이고 이데올로기의 단단한 허상에 지나지 않은지 간접적으로 확인시켜 준다. 현실 이면을 들여다보는데서 세계의 진상이 드러난다. 상상과 환상의 영역은 리얼리즘이 흔히 저지르는, 총체적이고 합리적인 듯한 세계가 자행하는 '이성적 의식'의 자연스러운 창출 과정을 해부하고 고발한다. 이성에 대한 순진한 믿음이 전제가 된 현실인식이 혼란하고 자유분방한 시적 이미지를 통해 의문의 화살을 맞을 때 이 세계는 하나의 거대한 물음표로 놓이는 것이다. 가령, "눈먼 자들의 도시는 눈을 뜨기 위해 눈을 버려"야 하는 역설을 이해하기 위해 요청되는 자기부정의 확인이다. 직시를 위한 눈을 버림, 혹은 사태를 왜곡하지 않고 제대로 바라보기 위한 현상학적 환원이다. 이러한 판단중지를 통해 펼쳐지는 이 세계의 실상은 무엇이 본질이고 무엇이 현실인지 분간할 수 없는, 아니 그럴 필요조차 없는 기괴한 만화경이 된다. '눈의 안쪽'은 이러한 시의 눈이 비로소 뜨기 시작하는 통로인 셈이다.

> 널어놓은 빨래들의 가랑이와 팔, 옆구리 사이 계곡을 지나, 안방 바닥의 태평양을 지나, 옷걸이에 걸린 모자 위, 히말라야를 넘어 빨간 여행 가방을 꾸려요 타닥타닥 나를 적는 모니터를 끄고, 전동기계로 옆구리에 자라는 나를 밀어버리고, 십자드라이버에 쾅쾅 박히는 나를 떠나, 아마존 메이꾸나족이 사는 마을로 가요 원주민 따라 까만 피부를 가진 남녀 어울려요 피부가 가장 아름다운 옷이라 여기는 사

람들, 함께 목욕을 하고 죽은 사람을 위해 축제를 열어요 그들과 어울려 춤을 춰요 나를 버렸으니 물고기 햇빛 꽃의 눈망울을 가졌으니 누군가 내게 정신 차리라고 말할 테지만 날마다 여기 아닌 저기로 가요 저기가 내 집이라 우겨요

–「물고기 햇빛 꽃」 전문

세계의 이면에 유쾌하게 들썩이는 사물들의 풍경은 이질적이고 낯설지만 시적 자유와 해방을 위한 통로가 된다. 시인이 꿈꾸는 것은 사회변혁보다도 더욱 원초적인 존재의 일탈이다. 일탈은 방종과 무질서를 낳는 게 아니라 새로운 시공간의 창조를 가능하게 한다. "널어놓은 빨래들의 가랑이와 팔, 옆구리 사이 계곡을 지나, 안방 바닥의 태평양을 지나, 옷걸이에 걸린 모자 위, 히말라야를 넘어 빨간 여행 가방을 꾸"리는, 이 자연스러운 상상을 통해 펼치는 여정을 단지 시인의 소망이나 바람으로만 치부할 수 없다. 시는 가지런한 듯 폐쇄되어 있는 눈에 보이는 세계의 전복을 꾀한다. 여기에는 아무런 걸림돌이 없다. 다만 끝까지 치닫는 상상과, 이 상상을 추동하는 시적 의지와 감각만 있을 뿐이다. 이희숙의 시가 내보이는 빛깔은 여기에서 비롯한다. 그는 하나의 이미지를 포획해서, 이미지가 생산하는 다양한 공간과 동선에 빨려들어 오는 모든 존재의 윤곽을 가감없이 보여준다. 이 과정에서 새어나오는 언어의 자유분방한 리듬과 화법은, 존재와 말이 주고받는 상황에서 상기할 수 있는 어떤 거대한 심

연을 떠올리게 한다. 검고 푸르스름한 영역이다. 확실한 것처럼 보이지만 사실 그 실마리만 짐작할 수 있는 세계로 진입하기 위한 시인의 시적 모험이다. 말이 품은 주술적 기능을 사용해 미지의 세계에 놓여있는 진실된 존재들을 호출하려는 시인의 노력이 이번 시집으로 돋보인다.

기존의 의미와 이성적인 추론에 대한 거부와, 새롭고 감각적인 언어의 배출로 형성되는 또 하나의 세계를 시인은 직조한다. 이는 "누군가 내게 정신 차리라고 말할 테지만 날마다 여기 아닌 저기로 가요 저기가 내 집이라 우"기는 시인의 마음에 직결되어 있다. "여기 아닌 저기로" 간다는 것, 이는 안정되고 익숙하고 편안한 이 세계가 주는 질서를 위반함이고 전복함이다. 이를 위해 시인은 말의 본래적 기능을 회복하려 한다. 본래적 기능을 지닌 말은, 늘 언제나 새롭게 생성하는 의미의 세계로 파고들어가려는 욕구로 가득 차 있다. 의미를 껴안아 오래도록 전유하려는 게 아니라, 의미를 건져내어 또 다른 위치로 전이시키고 그 빈자리에 생기는 틈이나 구멍은 그것대로 또 다른 빛깔로 남아있는 상태이다. 하지만 의문은 여전히 남는다. 이 도저한 말들의 욕망을 어디까지 수용하고 가지를 쳐내듯 말끔하게 잘라낼 것인가. 시인이 바라보는 대상은 마치 자기복제를 영원토록 행하는 바이러스처럼 점점 더 확장된다. 이들을 지시하고 불러내는 언어 또한 멈출 줄을 모르는 공기의 흐름처럼 확충하려 한다. 이 둘의 층위가 부딪치고 밀쳐내고 서로 흡수하는 속에서 공명하는 그 무엇이 있다. 이를 긴장이나 떨림이라고 하면 어떨까. 불안이나 공포라 믿는 순간 어두운 세계의 밑도 끝도 없는 구멍 속으로 빠질 우려가 있다. 그런데 창조적이고 생산적인 긴장이라 생각하는 순간 시는 말과 존재 사이의 디스토피아적 체념을 넘어 경쾌하고 날렵한 유토피아적 영역으로 진입한다. 이 양쪽의 갈림길에서 시인은 호기심 어린 표정으로 서 있다. 시집 『석류나무 서쪽』은 이러한 생생한 표정과 빛깔에 대한 보고서이자 고백성사다.

反詩시인선 006

석류나무 서쪽

2018년 11월 1일 초판 1쇄

지은이 이희숙
펴낸이 강현국
펴낸 곳 도서출판 시와반시

2011년 10월 21일 등록(제25100-2011-000034호)
주소 대구광역시 수성구 지산로 14길 8, 101-2408호
대표전화 053)654-0027
팩스 053)622-0377
E-mail khguk92@hanmail.net
ISBN 978-89-8345-046-3 03800

Colorful DAEGU

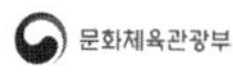

본 도서는 2018 대구문화재단 개인예술가창작지원사업 선정작입니다.

이 도서의 국립중앙도서관 출판예정도서목록(CIP)은
서지정보유통지원시스템 홈페이지(http://seoji.nl.go.kr)와
국가자료공동목록시스템(http://www.nl.go.kr/kolisnet)에서 이용하실 수 있습니다.
(CIP제어번호 : CIP2018028199)